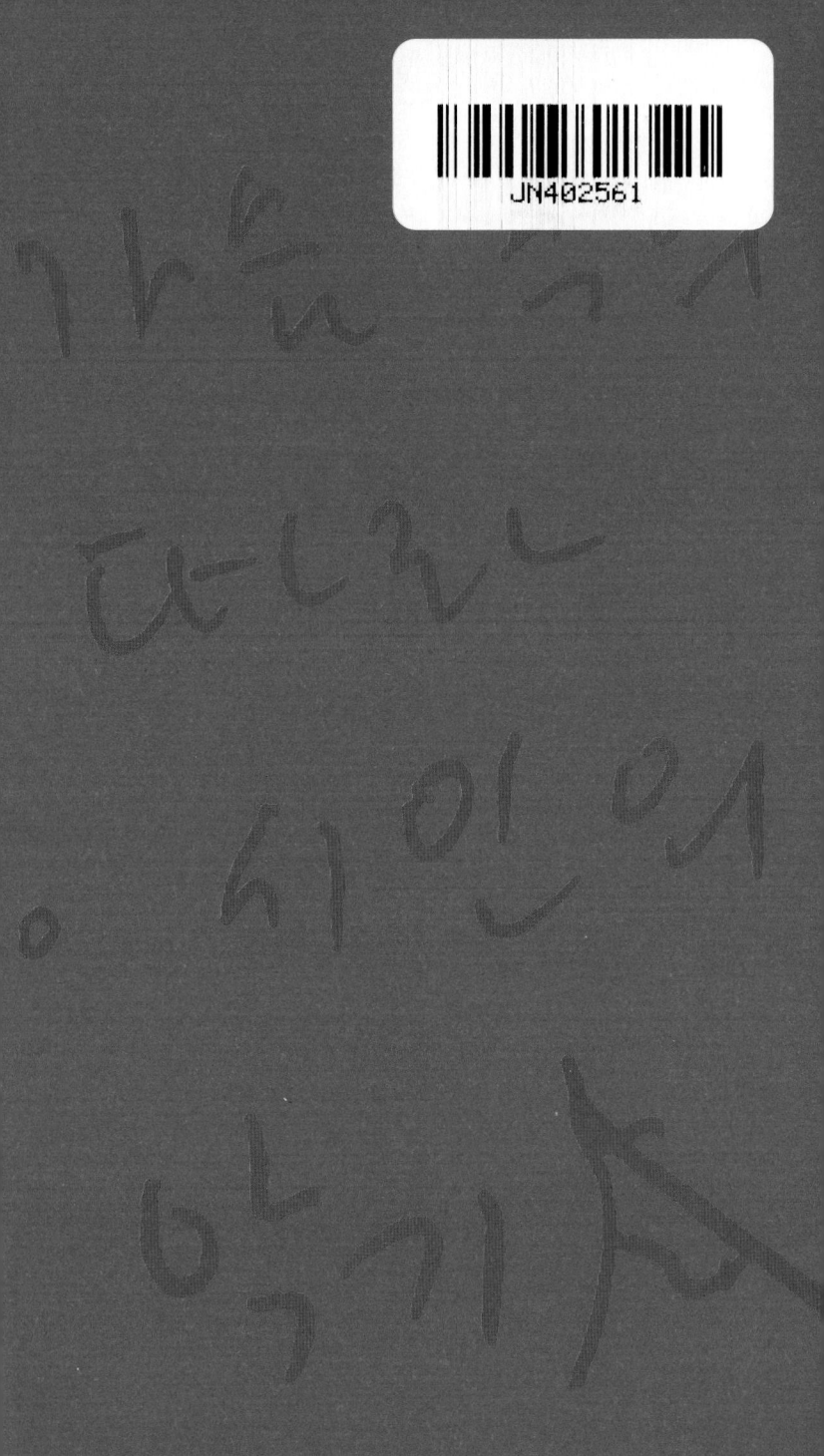

정현종 시인의 사유 깃든
로르카 시 여행

정현종 문학 에디션 3

정현종 시인의 사유 깃든 로르카 시 여행

초판 1쇄 인쇄 2015년 7월 25일
초판 1쇄 발행 2015년 8월 05일

지은이 페데리코 가르시아 로르카
옮긴이 정현종
펴낸이 정중모
편집인 민병일
펴낸곳 문학판

기획 · 편집 · Art Director | Min, Byoung-il
Book Design | Min, Byoung-il
편집장 박은경 | **책임편집** 김종숙 | **편집** 김정래 조예원 | **디자인** 김경아 이명옥
제작 윤준수 | **마케팅** 김경훈 박치우 | **관리** 박지희 김은성 조아라 | **홍보** 김계향

등록 1980년 5월 19일 (제406-2003-026호)
주소 경기도 파주시 회동길 121 (문발동)
전화 031-955-0700 | **팩스** 031-955-0661~2
홈페이지 www.yolimwon.com | **이메일** editor@yolimwon.com

Printed in Seoul, Korea

ISBN 978-89-7063-878-2 04870
      978-89-7063-875-1 (세트)

책값은 뒤표지에 있습니다.

문학판은 열림원의 문학 · 인문 · 예술 책을 전문으로 출판하는 브랜드입니다.

문학판의 심벌인 무당벌레는 유럽에서 신이 주신 좋은 벌레, 아름다운 벌레로 알려져 있으며, 독일인에게 행운을 의미합니다. 문학판은 내면과 외면이 아름다운 책을 통하여 독자들께 고귀한 미와 고요한 즐거움을 드리고자 합니다.

이 도서의 국립중앙도서관 출판예정도서목록(CIP)은 서지정보유통지원시스템
홈페이지(http://seoji.nl.go.kr)와 국가자료공동목록시스템(http://www.nl.go.kr/kolisnet)에서
이용하실 수 있습니다. (CIP제어번호: CIP2015019833)

정현종
문 학
에디션
3

Federico Garcia Lorca

정현종 시인의 사유 깃든
로르카 시 여행

정 현 종 옮기고 감상

문학판

페데리코 가르시아 로르카 Federico Garcia Lorca | 1898~1936

스페인의 세계적인 시인이자 극작가. 1898년 스페인 그라나다의 푸엔테바케로스에서 태어났다. 집시의 피가 섞인 아버지와 유대계였던 어머니에게서 스페인의 이단적 특성과 집시의 피를 유전적으로 물려받았다. 가족, 음악, 신화, 태고의 험악한 산, 그라나다의 기복 완만한 평야가 로르카의 일상이었으며 어려서부터 신화, 전설, 민담을 많이 듣고 자랐다. 스페인에서 가장 돋보이는 안달루시아 지역의 문화는 로르카의 작품 세계에 지속적으로 영향을 미쳤다. 그라나다대학에서 법학·철학을 공부했으며 1918년 첫 산문집 『인상과 풍경』의 출간이 성공을 거두었다. 이후 1919년 마드리드대학에 들어간 그는 초현실주의 화가 살바도르 달리, 초현실주의 영화감독 루이스 부뉴엘, 시인 후안 라몬 히메네스 등의 예술가들과 친분을 쌓으며 문학을 공부했다. 1921년 첫 시집 『시집』을 발표한 뒤 호평 받았으며 그 후 시와 희곡은 물론 음악과 미술 분야에서도 두각을 나타내며 국제적으로 유명해졌다. 스페인 고유의 신비로운 힘인 두엔데(duende)를 강조했던 로르카는 작품에서 뛰어난 리듬과 강력한 주술성, 신비로운 감각으로 스페인의 서정적 전통을 현대적으로 승화시켰다. 또한 민족적인 소재로 시와 극을 융합했으며 그의 희곡 3부작은 대중적으로도 큰 인기를 거두었다. 억압과 본능, 자유와 운명을 주제로 한 비극 3부작으로는 『피의 결혼식』, 『예르마』, 『베르나르다 알바의 집』이 있다. 그 외에도 대표적인 시집으로 『집시 민요집』, 『깊은 노래의 시』, 『익나시오 산체스 메히아스를 애도하는 노래』 등이 있다. 1936년 스페인 내전 중에 민족주의자들에게 사살되어 서른여덟 살의 짧은 생애를 마감했다. 그러나 로르카의 매혹적인 시들은 비극적인 죽음을 초월하여 그를 세계에서 가장 사랑받는 시인의 반열에 올려놓았다.

정현종

1939년 서울에서 태어나 연세대학교 철학과를 졸업했다. 1965년 《현대문학》으로 등단한 뒤, 첫 시집 『사물의 꿈』 이후 『나는 별아저씨』, 『떨어져도 튀는 공처럼』, 『사랑할 시간이 많지 않다』, 『한 꽃송이』, 『세상의 나무들』, 『갈증이며 샘물인』, 『견딜 수 없네』, 『정현종 시선집 1·2』, 『광휘의 속삭임』, 『그림자에 불타다』 등을 펴냈으며, 『고통의 축제』, 『사람들 사이에 섬이 있다』, 『이슬』, 『시인의 그림이 있는 정현종 시선집 섬』 등의 시선집과 문학 선집 『거지와 광인』, 산문집으로 『날자, 우울한 영혼이여』, 『숨과 꿈』, 『생명의 황홀』, 『날아라 버스야』, 『두터운 삶을 향하여』 등이 있다.
번역서로는 파블로 네루다의 『스무 편의 사랑의 시와 한 편의 절망의 노래』, 『네루다의 시선』, 『100편의 사랑 소네트』, 『충만한 힘』, 『질문의 책』, 페데로코 가르시아 로르카 시선집 『강의 백일몽』 등이 있다.
한국문학작가상, 연암문학상, 이산문학상, 현대문학상, 대산문학상, 미당문학상, 경암학술상(예술부문) 김달진문학상, 만해문학대상 등을 수상했다. 2004년에는 칠레 정부에서 전 세계 100인에게 주는 '네루다 메달'을 받았으며, 연세대학교 문과대 국문과 교수를 역임했다.

목 차

책머리에	10
봄 노래	14
나무들	24
야상곡	30
별들의 시간	38
속표지	44
열지 않은 노래	50
메멘토	56
어떤 영혼들은……	64
여름의 마드리갈	70
그리고 그 뒤	80
특별한 박자를 가진 노래	88
사냥꾼	98
기수의 노래	104
작별	112
벙어리 소년	120
으뜸가는 욕망에 대한 소시(小詩)	128
메아리	138
작가연보	144

만년필로 글을 쓰고 있는 정현종 시인의 손과
반 세기 가까이 시를 불러낸 시인의 만년필

바탕면지
1889년 니체가 『Ecce homo』를 집필한 원고지

책머리에

코로차의 작품에서 우리는
강렬한 정서적, 감각적 음악에서
~~솟아~~ 터져 나오는 노래를 만난다.
그는 한 산문에서 "어떤 시의
예술적 특질은 항상 독연데에 뿌리잡혀
있는 데 있어서, 그걸 읽는 사람은
누구나 겁은 물로 세례를
받는다"라고 했는데,
그것이 스페인 예술의 특징이며
물론 자기의 시도 예외가 아니다.
'독연데'는 꼭 집어서 말할 수
없으나 내 나름대로 정리를 해 보자면,
덤덤의 억들로 살아 입기를
두려워하지 않으려 순간순간 죽음과
더불어 사는 영혼에게 생기

비상한 에너지의 다름 아니라,
그리하여 죽음의 냄새가 나고,
결코 길들지 않는 밤에
항상 낯선인 채 있으면서
예술 창조의 새로운 주제를
여는 힘이다. 무엇보다 특별나게는
예술가의 영혼 속에서
그 작품이 반전한 것이 되도록
북돋기면서 은밀하게도 같이
강력히 작용하는 신비한 힘이다.
그리고 로르카의 작품이
그러한 신비한 힘이 낳은 것임을
말할 것도 없다.

2015년 탈월
정 현 종

'돌아라, 심장'
프레데리코 가르시아 로르카

2009년 3월 현동

봄 노래

1919년 3월 28일(그라나다)

Ⅰ
행복한 학동들이
거리로 쏟아져 나온다,
부드러운 노래를
따뜻한 4월 공기 속에 풀어 놓으며.
길의 깊은 침묵에
얼마나 큰 기쁨인가!
새로 만들어 낸 은방울 웃음에
산산이 부서진 침묵.

Ⅱ
나는 오후의 길을 걸어 내려간다
과수원의 꽃들 사이로,
길에다 내 슬픔의
물을 남겨 놓으며.
외로운 언덕 위
시골의 묘지가
해골 씨앗을
뿌려 놓은 들판 같다.
그리고 거대한 머리처럼
싸이프러스 나무들이 한창때이다,
빈 구멍들과

초록 머릿단을 하고
생각에 잠기고 슬프게
지평선을 숙고하고 있다.

오 신성한 4월
정수(精髓)와 태양을 싣고 와
꽃피는 해골들을
금빛 둥지들로 채우는구나.

시인은 기쁨도 잘 느끼고
슬픔도 잘 느낀다.
남다른 민감성은 그의 운명이어서,
시계도 그 운명의 굴레를
벗어날 수 없다.

라스웰의 꿀통 자이로 걸어도
길에 '슬픔의 풀'을 밟혀 놓는
해저일이라 하더라도

봄기운의 해도는 막을 길이 없어

공동묘지도 '해골 씨앗'을 뿌려 놓은 것 같다!

시인은 기쁨도 잘 느끼고 슬픔도 잘 느낀다. 남다른 민감성은 그의 운명이며, 세계도 그 운명의 작용을 벗어날 수 없다.
  과수원의 꽃들 사이로 걸어도 길에 '슬픔의 물'을 남겨 놓는 체질이라고 하더라도 봄기운의 쇄도는 막을 길이 없어 공동묘지도 '해골 씨앗'을 뿌려 놓은 것 같다!

열여덟 살의 로르카

나무들

1919년

나무들!
너희는 하늘에서 떨어진
화살이 아니었었니?
어떤 굉장한 전사(戰士)들이
너를 아래로 던졌을까? 별들?

네 음악은 새들의 영혼에서 솟아난다,
신의 눈에서,
완전한 열정에서.
나무들!
너의 단단한 뿌리들은 알게 될까
흙 속에 있는 내 심장을?

나무들의 음악은

새들의 영혼에서 솟아나,

신의 눈에서

그리고 완전한 열정에서

솟아난다.

모든 열정이

완전하기 어렵다는 것은

우리가 삶아 보아서

잘 알거니와

나뭇들이 들려주는 음악은
'완강한 열정'에서
솟아난다는 것이다.

흙 속에 심장이 있어야
들리는 음악.

나무들의 음악은 새들의 영혼에서 솟아나고, 신의 눈에서 그리고 완전한 열정에서 솟아난다. 모든 열정이 완전하기 어렵다는 것은 우리가 살아 보아서 잘 알거니와 나무들이 들려주는 음악은 '완전한 열정'에서 솟아난다는 것이다. 흙 속에 심장이 있어야 들리는 음악.

야상곡

나는 바다 위의
별들을 바라본다.
오 물로 된 별들,
오 물방울들.

나는 내 가슴 위
별들을 바라본다.
오 향기로 만든 별들,
오 향기의 핵.

나는 그늘로 가득 찬
지구를 바라본다.

밤하늘의 별들이

향기도 맡을의겨 있다는 걸
처음 알았다—

그것들의 "향기의 핵"이라는 것들.

별들이 머리 위가 아니라
지네의 '가슴 위'에 있기
때문이기도 할 것이다.

그에 비해 지구는
그늘로 가득 차 있다.

밤하늘의 별들이 향기로 만들어져 있다는 걸 처음 알았다—그것들이 '향기의 핵'이라는 것을. 별들이 머리 위가 아니라 자기의 '가슴 위'에 있기 때문이기도 할 것이다.
   그에 비해 지구는 그늘로 가득 차 있다.

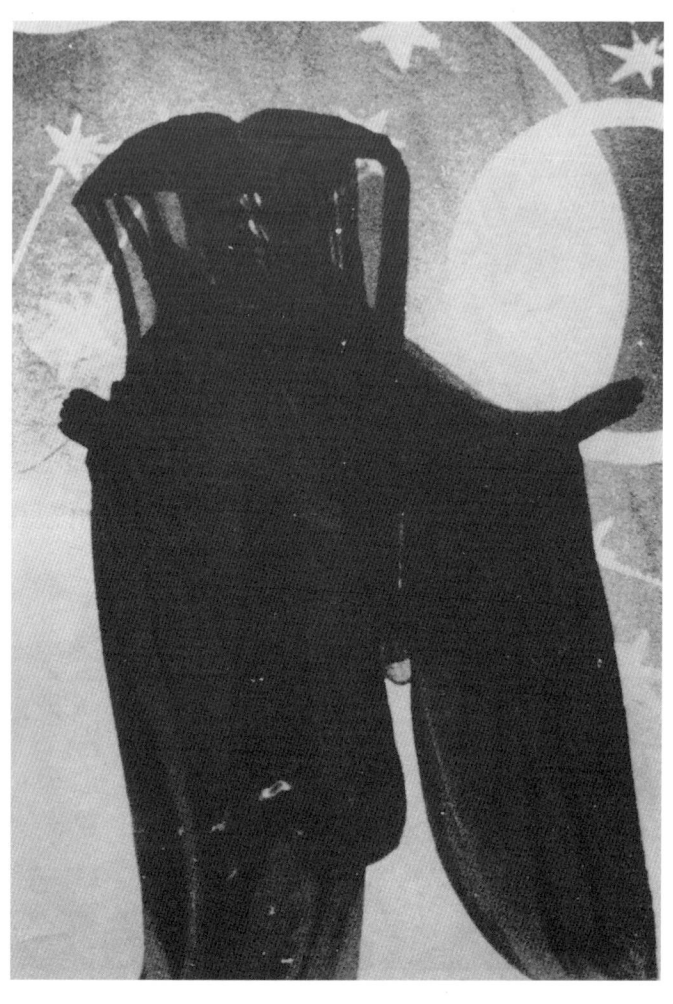

칼레론의 〈삶은 꿈이다〉 안에서 그림자놀이를 하고 있는 로르카

별들의 시간

1920년

　　밤의 둥근 침묵,
무한의 보표
위에 한 음표.

　　잃어버린 시(詩)들로 익어,
나는 벌거벗은 채 거리로 나아간다.
귀뚜라미들의 노래로
구멍 뚫린 어둠:
소리,
그 죽은
도깨비불,
정신으로
지각된
그 음악적인 빛.

　　무수한 나비 해골들이
내 경내(境內)에서 잠잔다.

　　강 위에
젊은 미풍의 야생의 떼.

'밤의 듣는 침묵'은
비상한 이미지의 자줌이다.
이것은 또한
'잃어버린 시들로 익어' 있는
시인의 절진 감각이기도 한데,
하여간 그 안팎의 교감 속에
'써 해골들'의 태어나로
가 위에는
'깊은 미풍의 비생이 따기'가
일어난다.

'밤의 둥근 침묵'은 비상한 이미지의 자궁이다. 이것은 또한 '잃어버린 시들로 익어' 있는 시인의 전신 감각이기도 한데, 하여간 그 안팎의 교감 속에 '나비 해골들'이 태어나고 강 위에는 '젊은 미풍의 야생의 떼'가 일어난다.

속표지
―나의 대녀(代女) 이사벨 클라라를 위하여

    맑은 샘물.
    맑은 하늘.

오 새들은 얼마나
크게 자라는지!

    맑은 하늘.
    맑은 샘물.

오 오렌지들은 얼마나
빛나는지!

    샘물.
    하늘.

오 옥수수는 얼마나
연한지!

    하늘.
    샘물.

오 옥수수는 얼마나
푸른지!

로로가 특유의 박자와

변주로 진행되는 데위법.

그의 대내는 아직 들추어 보지 않은

속돈지하라는

깨끗한는 예감에 차 있다 —

연리고 푸른 복숭숙하라는.

로르카 특유의 박자와 변주로 진행되는 대위법.
 그의 대녀는 아직 들춰 보지 않은 속표지처럼 깨끗하고 예감에 차 있다―연하고 푸른 옥수수처럼.

열지 않은 노래

강 위에
모기들.

바람 위에
새들.

(저녁은 떠돌고)

내 가슴속
오 이 진동!

두려움 없이,
나는 멀리 가리
에코처럼.

나는 멀리 가리
보트를 타고
돛도 없고
노도 없이.

내 가슴속
오 이 진동!

시인은 '가슴속의 진동'에
따라서 사는 새들님.

시인의 가슴이라는 악기는
강 위의 물기들이나
바람 위의 새들에 의해
진동을 느끼는 건 당연한 일이며,
그 진동 속에 세계는

무한한 것이 되고
만물은 비둥한다.

시인은 '가슴속의 진동'에 따라 사는 사람.
시인의 가슴이라는 악기가 강 위의 모기들이나 바람 위의 새들에 의해 진동을 느끼는 건 당연한 일이며, 그 진동 속에 세계는 무한한 것이 되고 만물은 내통한다.

메멘토

우리가 죽으면
일련의
하늘 광경을
가져가리.

(동틀 무렵의 하늘
그리고 밤하늘)

그들이 나에게
그 사자(死者)를 말했어도
우리는 한여름의 하늘 말고는
어떤 기억도 없네,
바람으로
흔들린
검은 하늘.

내가 죽거나 네가 죽거나

우리가 가져가야 할 것은

'일천의/ 하늘 고병정' 별이 라는

노래도 추모할밖에.

최상의 추모 중 하나.

내가 죽거나 네가 죽거나 우리가 가져가야 할 것은 '일련의 / 하늘 광경'뿐이라는 노래로 추모할밖에. 최상의 추모 중 하나.

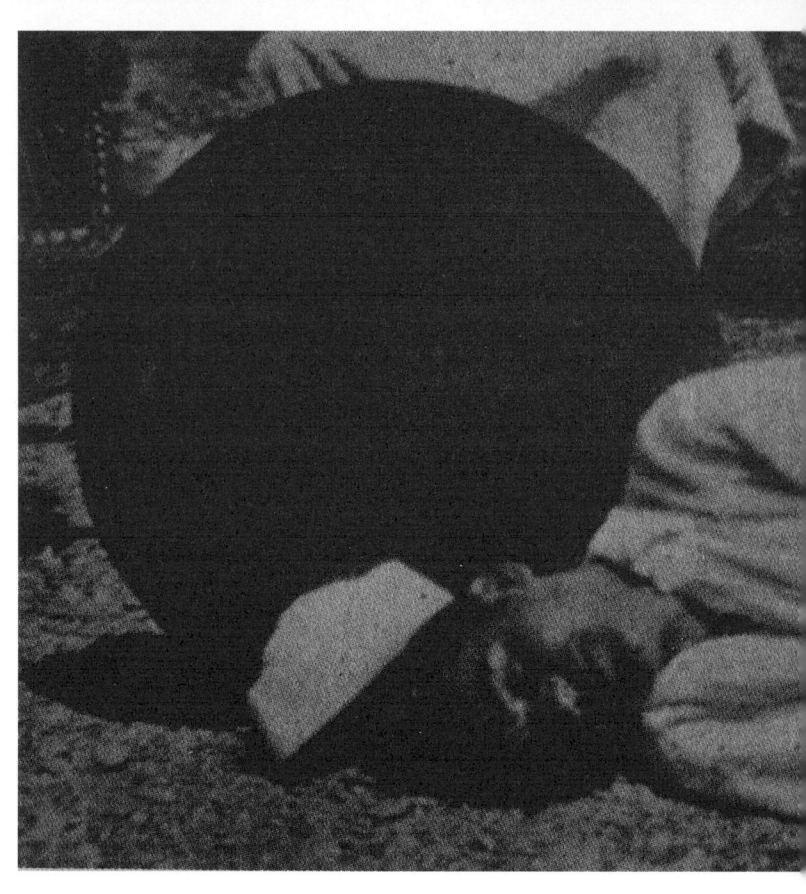

까다께스에서 죽은 체하고 있는 로르카

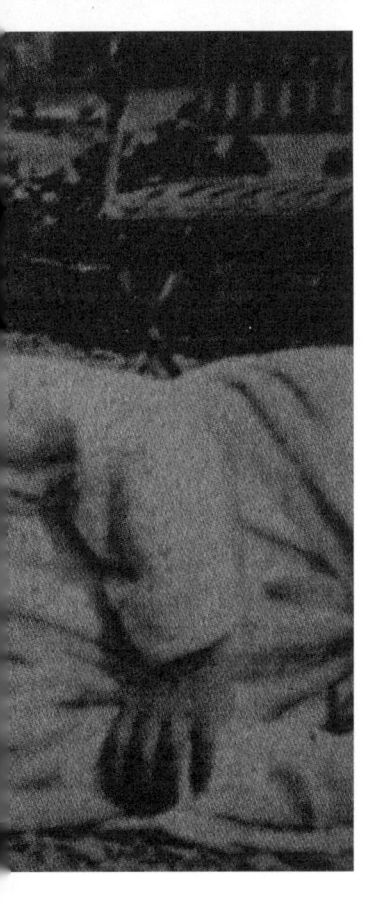

어떤 영혼들은……

1920년 2월 8일

    어떤 영혼들은
푸른 별들을 갖고 있다,
시간의 갈피에
끼워 놓은 아침들을,
그리고 꿈과
노스탤지어의 옛 도란거림
이 있는
정결한 구석들을.

    또 다른 영혼들은
열정의 환영(幻影)들
로 괴로워한다. 벌레 먹은
과일들. 그림자의
흐름과도 같이
멀리서
오는
타 버린 목소리의
메아리. 슬픔이 없는
기억들.
키스의 부스러기들.

    내 영혼은
오래 익어 왔다; 그건 시든다,

불가사의로 어두운 채.
환각에 침식당한
어린 돌들은
내 생각의
물 위에 떨어진다.
모든 돌은 말한다:
"신(神)은 멀리 계시다!"

2연에서 우리는
'열정의 환멸들'에 대한
절망한 표현을 읽는다.

3연의 '내 영혼'은 틀림
시인의 영혼일 터인데,
3연은 '불가시적도 어두운'
영혼에 대한
역시 절망한 표현이다.

2연에서 우리는 '열정의 환영들'에 대한 설묘한 표현을 읽는나.
3연의 '내 영혼'은 필경 시인의 영혼일 터인데, 3연은 '불가사의로 어두운' 영혼에 대한 역시 절묘한 표현이다.

여름의 마드리갈

1920년 8월(수하이라 초원)

네 그 붉은 입, 집시 에스트렐랴여
그걸 내 입으로 가져오렴, 나
그 사과를 깨물리
이 눈부신 대낮의 햇빛 아래서!

언덕 위 푸른 올리브 숲에
무어풍(風)의 탑(塔)이 하나,
네 시골 살색
꿀과 새벽의 맛.

네 살은 그래, 그리고
너는 네 볕에 탄 몸을 나한테 준다, 그
신성한 음식이
시냇가 꽃들을 잠잠하게 하고
새벽별들 바람에 스쳐 타오르게 하느니.

황갈색 불꽃,
왜 너를 나한테 주지, 왜
네 밑을 나한테 주지, 백합과 사랑으로 가득 차고
네 일렁이는 가슴 소리로 가득 찬 그걸?

내 몰골 때문은 아니겠지? 내
느리고 둔팍한 걸음걸이 때문은?

노래로 시든 내 생(生)이 혹시
너를 아프게 했는지?

내 신음 소리 대신
산 크리스토발 농부의
사랑할 때 땀에 젖고 안 서두르며 잘생긴
넓적다리가 오히려 좋지 않아?

첫날밤에, 다나이데 여신들은
그 남편들을 죽였지, 그 비슷해.
너 숲의 여신, 네 키스에서는
여름날 마른 밀짚 냄새가 난다.

네 노래로 내 눈을 흐려지게 해다오. 네
머리카락을 늘어뜨리렴, 길게 그리고
펴진 망토처럼 근엄하게,
초원 위에 그림자 하나.

피로 붉어진 네 입, 그
사랑의 극락으로 나를 채색해다오.
살 속 깊이
고통의 검은 별.

안달루시아 페가수스는
네 두 뜬 눈의 포로;
그 두 눈이 죽어 있음을 보면
그의 비상(飛翔)은 굼뜨고 볼품없는 것이리.

또한 너는 나를 사랑 안 해도 나는
네 그늘진 눈짓 때문에 너를 사랑하리
종달새가 오로지 이슬 때문에
새날을 좋아하듯이.

네 붉은 입을 내
입으로 가져오렴, 집시 에스트렐랴여!
대낮의 밝은 빛 속에서
나는 그 사과를 먹으리. 어서!

네 육체의 연애시와 더불어

성애(性愛)를 노래하는

적나라하고 강렬한 작품.

로르카는 자기에게도

잠시의 틈되가 섬여 있다고

밝히지만, 어쨌든 잠시 여자와

호흡에서 나는

사랑의 절정이다.

제 훌륭한 예술가 티베트스가
흔히 없는 표현을
얻고 있을때,
대기수는 시적 영감을
잊히기도 한다.

네루다의 연애시와 더불어 성애(性愛)를 노래한 적나라하고 강렬한 작품. 로르카는 자기에게도 집시의 피가 섞여 있다고 했지만, 어쨌든 집시 여자와 초원에서 나눈 사랑의 설성이다.
 저 흔한 에로스와 타나토스가 흔치 않은 표현을 얻고 있으며, 페가수스는 시적 영감을 뜻하기도 한다.

달리의 〈꿀은 피보다 달콤하다〉(부분)

그리고 그 뒤

시간이 만들어 낸
미로는
사라졌다.

(사막만
남았다)

가슴은,
욕망의 샘은,
사라졌다.

(사막만
남았다)

새벽 환영(幻影)과
키스들은
사라졌다.

사막만
파상(波狀)의 사막만
여기 남았다.

폭발이 떠라 진행된
시간의 끝에 남은 풍경.
폭발이 관배르네이 새벽,
흔히 쓰는 은유.

욕망에 따라 진행된 시간의 끝에 남은 풍경.
욕망의 잔해로서의 사막. 흔히 쓰는 은유.

로르카가 참여한 달리의 〈꿈으로의 초대〉

특별한 박자를 가진 노래

어제.
 (푸른
별들)

　내일.
 (희고 작은
별들)

　오늘.
　(나는 페티코트 속의 계곡에서
잠자고 있는 꽃을 꿈꾼다)

　어제.
 (불의
별들)

　내일.
 (자줏빛
별들)

　오늘.
 이 가슴이, 오호라
이내 가슴이 뛰고 있다!

어제.
　(별들을
기억하기)

　　내일.
　(자욱한
별들)

　　오늘……

　(내일!)

나는 보트 위에서 병날는지도 몰라.
물의 길 위의
오늘의 다리〔橋〕들……

'시간'에 관한 이야기를

우리는 종교나 철학, 생물학,

물리학 같은 분야에서

읽을 수 있지만,

우리는 어쩌면 시간을 하여
인간의 삶과 관련해서

어제, 오늘, 내일이라고

구별해서 말한다.

그 속에 인간의 일생과
인류의 역사가 다 들어 있다.
　시인은 그 낱들에
다른 이름을로 부르고 있다.

어제는 푸른 별들,
내일은 희고 낡은 별들……

그것들에 대한 우리의 들녘은
일제에 사라진다.

'시간'에 관한 이야기를 우리는 종교나 철학, 생물학, 물리학 같은 분야에서 읽을 수 있지만, 우리는 어떻든 시간을 인간의 삶과 관련하여 어제, 오늘, 내일이라고 구분해서 말한다. 그 속에 인간의 일생과 인류의 역사가 다 들어 있다.

 시인은 그 날들을 다른 이름으로 부르고 있다. 어제는 푸른 별들, 내일은 희고 작은 별들…… 그것들에 대한 우리의 통념은 일거에 사라진다.

로르카가 달리에게 보낸 세바스찬 엽서

까다께스에서 로르카와 달리

사냥꾼

소나무 숲이 높구나!
공중에는
비둘기 네 마리.

네 마리의 비둘기가 회전하며
돌아온다. 그들의 네 그림자가
상처들을 운반한다.

소나무 숲이 낮다!
땅 위에
비둘기 네 마리.

소낙 술이 높은 이웃은

하늘에 비둘기 네 마리가

날고 있기 때문이다.

저편에 사냥꾼이

겨눌을 쏘아서 떨어진다.

'회전하네' 라는 둘하은

그것들이 시체이기 때문에

네"도 적절한 둘하이고

'들어온다'도 죽음에 민감했다고

시인의 본기가 분이 있다.

대지로 돌아오는 것이기도 하고
시인의 가슴으로 돌아오는 것이기도
한 터이다.
 '그림자'는 물론 죽음을 가리키고
상처들을 '어루만다'는 말은
상처의 슬퍼함과 씻음의 무거움을
동시에 싣고 있다.
 비둘기들이 더불어 살 수 있으니
손바닥 돌이 뇌어질 수밖에!

소나무 숲이 높은 이유는 하늘에 비둘기 네 마리가 날고 있기 때문이다. 그런데 사냥꾼이 그것들을 쏘아서 떨어진다. '회전하며'라는 표현은 그것들이 시체이기 때문에 너무도 적절한 표현이고 '돌아온다'도 죽음에 민감했던 시인의 온기가 묻어 있다. 대지로 돌아오는 것이기도 하고 시인의 가슴으로 돌아오는 것이기도 할 터이다. '그림자'는 물론 죽음을 가리키고 상처들을 '운반한다'는 말은 상처의 중량과 마음의 무거움을 동시에 싣고 있다.

 비둘기들이 땅 위에 떨어졌으니 소나무 숲이 낮아질 수밖에!

기수의 노래

코르도바.
멀고 외로운.

검은 조랑말, 큰 달,
그리고 내 안낭(鞍囊)에 올리브.
비록 나 길을 알아도
나는 코르도바에 가지 못하리.

평원 속으로, 바람 속으로,
검은 조랑말, 붉은 달.
죽음이 나를 보고 있네
코르도바의 탑들에서.

아! 멀기도 하여라!
아! 내 장한 조랑말!
아! 그 죽음이 나를 기다리
내 코르도바에 가기 전에.

코르도바.
멀고 외로운.

귀기(鬼氣)가 감도는

이 작품도 물론

창조 과정에 작용하는

시인이 불가사의 하고

신비한 힘이라고 말한

'무언가'가 낳은 것이다.

(로르카 시집 '강가에 백일몽,

필자가 번역한

믿음사, 참조)

우리가 행해서 가는 곳이
어디이든지 간에, 인생길의 초상.

귀기(鬼氣)가 감도는 이 작품도 물론 시인이 창조 과정에 작용하는 불가사의하고 신비한 힘이라고 말한 '두엔데'가 낳은 것이다 (필자가 번역한 로르카 시집 『강의 백일몽』 민음사, 참조).

우리가 향해서 가는 곳이 어디이든지 간에, 인생길의 초상.

유명 사진작가 알폰소가 찍은 로르카의 초상

작별

내가 죽으면
발코니를 열어 놔 둬.

사내아이가 오렌지를 먹고 있군.
(발코니에서 나는 그를 볼 수 있으니)

농부가 밀을 거두고 있군.
(발코니에서 나는 그를 들을 수 있으니)

내가 죽으면
발코니를 열어 놔 둬!

이 눈물겹고 아름다운 부탁은

래세상으로 떠나는 사람의

이승에 대한 애착을 보여 준다고

할 수도 있지만,

이승과 저승의 경계를

환상적으로 열어 놓고

있기도 하다!

이 눈물겹고 아름다운 부탁은 저세상으로 떠나는 사람의 이승에 대한 애착을 보여 준다고 할 수도 있지만, 이승과 저승의 경계를 환상적으로 열어 놓고 있기도 하다!

만테냐의 〈성 세바스찬〉, 빈 미술사 박물관 소장

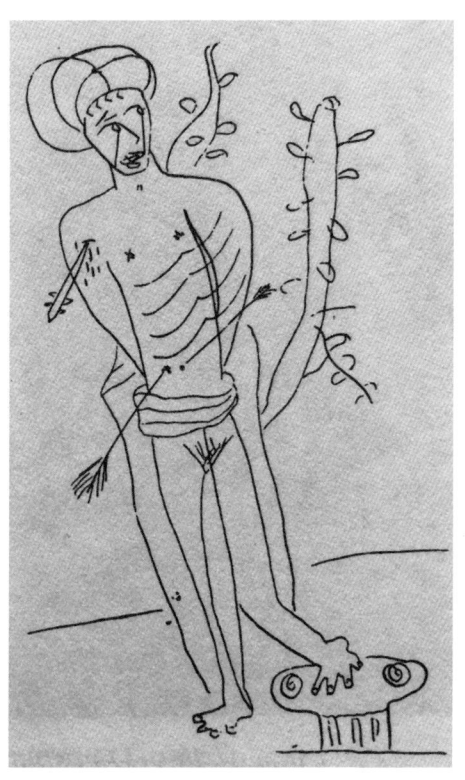

로르카의 〈성 세바스찬〉 드로잉 중 하나

벙어리 소년

소년이 제 목소리를 찾고 있었다.
(귀뚜라미들의 왕이 그걸 갖고 있었다)
물방울 속에서
소년은 제 목소리를 찾고 있었다.

말하려고 그걸 원하는 게 아니에요;
나는 그걸로 반지를 만들 거예요
그래서 그가 자기 작은 손가락에
내 침묵을 끼도록 하려고요.

물방울 속에서
소년이 자기 목소리를 찾고 있었다.

(유폐된 목소리가, 멀리서,
귀뚜라미의 옷을 입는다)

방에라 신라에 대한
안쓰러운 마음이 낳은 작품.

그 신라의 목소리를 귀뚜라미들이
같고 있었다는 것인데,

이 눈부신 주인(主人)을 지닌
신라인 또 풀벌들 속에서
그게 목소리를 찾고 있다.

그 목소리로 밭을 하려는 게 아니라
버러지들 틈에 그 한목을
손가락에 끼도록 하려고.

벙어리 소년에 대한 안쓰러운 마음이 낳은 작품.
 그 소년의 목소리를 귀뚜라미들이 갖고 있었다는 것인데, 이 눈부신 전이(轉移)를 지나 소년은 또 물방울 속에서 제 목소리를 찾고 있다. 그 목소리로 말을 하려는 게 아니라 반지를 만들어 그 침묵을 손가락에 끼도록 하려고.

마르카리타 시르구와 시프리아노 리바스 체리프와 함께

으뜸가는 욕망에 대한 소시(小詩)

   풋아침에는
나는 한 심장이 되고 싶었다.
한 심장이.

   그리고 무르익은 저녁에는
나는 나이팅게일이 되고 싶었다.
한 나이팅게일이.

   (영혼,
오렌지색이 된.
영혼,
사랑의 색깔이 된.)

   생생한 아침에는
나는 나 자신이고 싶었다.
한 심장.

   그리고 저녁이 다할 때는
나는 내 목소리이고 싶었다.
한 나이팅게일.

   영혼,
오렌지색이 된.

영혼,
사랑의 색깔이 된.

'풋아침'은 green morning 을

번역한 것. 스페인어 전시회

verde도 green과 마찬가지로

녹색, 푸른, 싱싱한, 생생한, 생…… 과

같은 뜻이 있다. '푸른 아침'이라고

해도 괜찮을 듯이다.

 '풋아침에는/ 밝은

한 심장이 되고 싶었다. /

 한 심장이 늘

아침의 신선함, 상쾌함, 꽃냄새
에 대한
같은 것들 그것도 미도 있는

표현 중 하나일 것이다.

물론 시인의 느낌의

미도의 소리이다.

이런 목망이라매,

다시 말하여 이렇게 통통한

목망이라매

될껏 세계의 심장을

싱싱하게 할 툰이다.

'풋아침'은 green morning을 번역한 것. 스페인어 원시의 verde도 green과 마찬가지로 녹색, 푸른, 싱싱한, 생생한, 생……과 같은 뜻이 있다. '푸른 아침'이라고 해도 괜찮을 터이다.

'풋아침에는 / 나는 한 심장이 되고 싶었다. / 한 심장이'는 아침의 신선함, 생생함, 풋냄새 같은 것에 대한 가장 밀도 있는 표현 중 하나일 것이다. 물론 시인의 느낌의 밀도의 소산이다.

이런 욕망이라면, 다시 말하여 이렇게 풋풋한 욕망이라면 필경 세계의 심장을 싱싱하게 할 터이다.

리카도 모리나리가 자신이 가장 사랑하는 도시들을
적어 놓은 『집시의 노래』 사본

메아리

새벽꽃이 벌써
    자기를
        열었다
            (기억하는가
                오후의 깊이를?)

달의 감송(甘松)이 내뿜는다
    그 찬 냄새를
            (기억하는가
                팔월의 긴 눈짓을?)

시간들과 공간들의

놀라운 곱셈과 연속성.

　새벽에 핀 꽃이

오후로 메아리치며

'오후의 깊이'를 감지하게 하고

'달의 갚숨'과

'달빛의 긴 눈짓'이

곱셈하면서 시간과 공간이

우주적 개화(開花)를

실현한다!

시간들과 공간들의 놀라운 공명과 연속성.

새벽에 핀 꽃이 오후로 메아리쳐 '오후의 깊이'를 감지하게 하고 '달의 감송'과 '팔월의 긴 눈짓'이 공명하면서 시간과 공간의 우주적 개화(開花)를 실현한다!

작가연보

1898년   6월 5일, 그라나다 푸엔테바케로스 출생
1915년   그라나다 대학에서 법학 및 문학, 철학 공부
1916년   첫 산문집 『인상과 풍경』 출간
1919년   마드리드의 고등교육 기관 '레시덴시아 데 에스투디안테스'에 입학
1920년   마드리드에서 첫 희곡 〈나비의 장난〉 상연
1921년   첫 시집 『시집』 출간
1923년   그라나다 대학에서 법률학 학위 취득, 살바도르 달리와 만남
1925년   희곡 〈마리아나 피네다〉 완성
1927년   희곡 〈마리아나 피네다〉 성공리에 상연, 살바도르 달리가 무대 디자인을 맡음
1928년   시집 『집시 민요집』 출간
1929년   미국 및 쿠바에 체류
1930년   마드리드 귀국 후 희곡 〈제화공의 굉장한 아내〉를 상연해 큰 성공을 거둠
1931년   시집 『깊은 노래의 시』 출간
1933년   마드리드 대학의 순회 극단 '라 바라카'의 연출을 맡아 〈피의 결혼식〉과 〈돈 페를림플린과 벨리사가 정원에서 나눈 사랑〉을 마드리드에서 상연 강연을 위해 아르헨티나에 체류, 부에노스아이레스에서 〈피의 결혼식〉 등의 희곡을 연출
1934년   마드리드에서 희곡 〈예르마〉를 상연

1935년   마드리드에서 인형극 〈돈 크리스토발의 인형극〉 상연

뉴욕에서 희곡 〈피의 결혼식〉 상연

바르셀로나에서 희곡 〈독신녀 도냐 로시타〉 첫 상연

시집 『익나시오 산체스 메히아스를 애도하는 노래』 출간

1936년   희곡 『피의 결혼식』, 『베르나르다 알바의 집』 출간

8월 19일, 그라나다를 점령한 파시스트 당에 의해 총살 당함

시집 『뉴욕의 시인』 출간

출처

『강의 백일몽』 | 민음사

어떤 영혼들은
여름의 마드리칼
그리고 그 뒤
특별한 박자를 가진 노래
사냥꾼
작별
벙어리 소년
으뜸가는 욕망에 대한 소시(小時)
메아리

바람들이

나들이

솟아나고,

그리고

얘기중이네